BEI GRIN MACHT SICH IHR WISSEN BEZAHLT

AF135833

- Wir veröffentlichen Ihre Hausarbeit, Bachelor- und Masterarbeit

- Ihr eigenes eBook und Buch - weltweit in allen wichtigen Shops

- Verdienen Sie an jedem Verkauf

Jetzt bei www.GRIN.com hochladen und kostenlos publizieren

Konzept zur Prävention von Muskel- und Skeletterkrankungen bei Erwachsenen

Gesundheitsmanagement im Sport

Bibliografische Information der Deutschen Nationalbibliothek:

Die Deutsche Nationalbibliothek verzeichnet diese Publikation in der Deutschen Nationalbibliografie; detaillierte bibliografische Daten sind im Internet über http://dnb.d-nb.de abrufbar.

ISBN: 9783346786425
Dieses Buch ist auch als E-Book erhältlich.

Druck und Bindung: Books on Demand GmbH, Norderstedt Germany
Gedruckt auf säurefreiem Papier aus verantwortungsvollen Quellen

Das vorliegende Werk wurde sorgfältig erarbeitet. Dennoch übernehmen Autoren und Verlag für die Richtigkeit von Angaben, Hinweisen, Links und Ratschlägen sowie eventuelle Druckfehler keine Haftung.

Das Buch bei GRIN: https://www.grin.com/document/1309903

Inhaltsverzeichnis

1 Bedarfsanalyse zum Schwerpunktthema bzw. Gesundheitsproblem

Das gewählte Schwerpunktthema ist das Konzept zur Prävention von Muskel- und Ske-
letterkrankungen (MSE) bei Erwachsenen im Erwerbsalter durch gesundheitssportliche
Aktivität.

1.1 Bewegungsempfehlung und Bewegungsverhalten

Die Bewegungsempfehlungen für Erwachsene zwischen 18 und 65 Jahren sind ein An-
haltspunkt, wie Erwachsene ihre Gesundheit erhalten und gegebenenfalls fördern können.
Dabei spricht man von einem empfohlenen Mindestmaß an Bewegung.

Dieses Mindestmaß erfüllen aktuell nur etwa 41 Prozent der Erwachsenen (Techniker Krankenkasse, 2016). Im Gegensatz dazu sind 18 Prozent der Erwachsenen sogar „Anti-Sportler", die nie Sport machen.

Pro Woche sollten Erwachsene mindestens 150 Minuten aerobe körperliche Aktivitäten mit moderater Intensität durchführen (World Health Organization [WHO], 2010). Im besten Fall teilt man die Zeit gleichmäßig ein, beispielsweise auf 30 Minuten an 5 Tagen der Woche. Alternativ reichen auch 75 Minuten in der Woche, die mit höherer Intensität trainiert werden müssen oder eine Kombination aus beiden Intensitäten und Zeiten.

Dabei gilt als moderate oder mittlere Intensität jede Bewegung, bei der man etwas außer Atem, aber nicht ins Schwitzen, kommt. Beispiele hierfür sind Walken und Gartenarbeit.

Als hohe Intensität bezeichnet man Bewegung, bei der man schwitzt und schwer atmet. Das ist zum Beispiel bei Sport, der große Muskelgruppen beansprucht und Joggen der Fall.

Um die Gesundheitseffekte zu erhöhen lohnt es sich über diese Mindestempfehlungen hinaus zu arbeiten, indem man zum Beispiel die Intensität des Trainings erhöht oder die Zeit des Trainings verlängert. Zudem sollten zusätzlich mindestens zwei Mal pro Woche ein Krafttraining oder andere muskelkräftigende körperliche Aktivitäten absolviert werden (Bundesamt für Sport, Bundesamt für Gesundheit, Gesundheitsförderung Schweiz, Beratungsstelle für Unfallverhütung, Schweizerische Unfallversicherungsanstalt und Netzwerk Gesundheit und Bewegung Schweiz, 2013).

Nur ungefähr 21 Prozent der Erwachsenen trainieren mehr als 180 Minuten in der Woche, also über die Mindestempfehlungen hinaus.

Nach Möglichkeit sollten Erwachsene regelmäßig körperlich aktiv werden und langes Sitzen meiden. Als körperliche Aktivität wird jegliche Bewegung, die nicht zum Training gehört, gezählt. Darunter fallen zum Beispiel auch Spazieren gehen, Putzen oder Einkaufen. Wichtig hierbei ist, dass die aktiven Phasen mindestens 10 Minuten dauern (Rütten & Pfeifer, 2016).

25 Prozent der Erwachsenen machen nur 120 Minuten Sport in der Woche, was bedeutet, dass die Mindestempfehlungen nicht erfüllt werden (Rütten & Pfeifer, 2016). Bei keiner Studie wird geschlechts- oder altersspezifisch im Bewegungsverhalten unterschieden.

Zusammenfassend lässt sich sagen, dass 59 Prozent der Erwachsenen nicht die Mindestempfehlungen von anerkannten Fachgesellschaften erfüllen. 20 Prozent trainieren nach dem Mindestmaß und 21 Prozent trainieren darüber hinaus (Techniker Krankenkasse, 2016).

Deutsche Erwachsene bewegen sich nach wissenschaftlichen Empfehlungen durchschnittlich deutlich zu wenig.

1.2   Datenlage zum Gesundheitsproblem

Die Datenlage zu Osteoporose bei deutschen Erwachsenen zeigt, dass die Zahl der Osteoporose-Patienten in Zukunft stark zunehmen werden. Aufgrund des demographischen Wandels wir die Bevölkerung in Deutschland durchschnittlich immer älter und Alter ist eines der größten Risikofaktoren für Osteoporose (Robert Koch-Institut, 2012). Zusätzlich wird Osteoporose durch den zunehmenden Bewegungsmangel, der in unserer heutigen Gesellschaft immer mehr auftritt, begünstigt.

Die Ergebnisse von Studien unterscheiden sich teils um mehrere Prozent. Grund hierfür ist, dass verschiedene Methoden genutzt wurden. Eine mündliche Telefonbefragung kommt zum Beispiel auf andere Ergebnisse wie eine jahrelange Untersuchung einer Krankenkasse auf anfallende Kosten durch Patienten, die mit Diagnose gegen Osteoporose behandelt werden. Hier werden die Ergebnisse einer Studie des Robert Koch-Instituts aufgezeigt:

Die Lebenszeitprävalenz bei Frauen steigt laut der „Gesundheit in Deutschland aktuell 2012"-Studie (GEDA 2012) von 8 Prozent der 50- bis 64-Jährigen auf 21 Prozent der über 65-Jährigen (Robert Koch-Institut, 2011). Bei Männern steigt die Osteoporoseprävalenz nur wenig an, von 4 Prozent auf 7 Prozent.

Die Betroffenen einer osteoporosebedingten Fraktur haben oft chronische Schmerzen und erhöhte Morbidität und Mortalität (Felsenberg & Dietzel, 2009).

Die individuellen Auswirkungen beziehen sich auf Einbußen der Lebensqualität und Selbstständigkeit im Alter. Durch das erhöhte Risiko für Knochen- und Wirbelfrakturen müssen die Betroffenen erhöhte Vorsicht walten lassen. Dadurch sind sie von vielen Aktivitäten ausgeschlossen und die Gefahr der Isolierung, mit Folgen wie Einsamkeit und Alters-Depressionen, wird stark erhöht. Das kann sich zu einer Negativ-Spirale entwickeln, denn wer an Einsamkeit, Depressionen und sonstigen psychischen Erkrankungen leidet, leidet meistens auch unter weiteren körperlichen Beschwerden.

Dadurch entsteht eine immer höhere Inanspruchnahme des Gesundheitssystems und weiterer Verlust an Lebensqualität. Im schwersten Fall droht Pflegebedürftigkeit und Invalidität.

Die Datenlage der entstehenden Kosten für die Volkswirtschaft und das Gesundheitssystem zeigen, dass durchschnittlich 4,5 Milliarden Euro für die Osteoporoseversorgung in Deutschland jährlich ausgegeben werden (Klein, Jessel, Linder, Verheyen & Häussler, 2014).

Diese setzen sich zusammen aus Behandlungskosten von Operationen und medizinischen Eingriffen, Pflegepersonal und Arzneimittelverordnungen. Dabei steigen die Kosten pro Patient mit der Anzahl seiner Frakturen.

Risikofaktoren, die zu Osteoporose führen können, sind zum einen höheres Lebensalter und das weibliche Geschlecht. Die Hormonumstellung, die bei Frauen im mittleren bis höheren Lebensabschnitt stattfinden, begünstigen Knochenschwund.

Zudem fördert ein niedriges Körpergewicht (BMI < 20 kg/m²) und Rauchen das Osteoporoserisiko.

Handlungsnotwendigkeiten bestehen darin die Bewegungsangewohnheiten der Bevölkerung zum Positiven zu verändern. Die Bewegungsempfehlungen sind dafür ein guter Maßstab. Bewegung und Sporttraining wird als Präventivmaßnahme gegen Osteoporose empfohlen (WHO, 2010), da gezieltes Training die Knochendichte, die Muskelmasse und auch die Beweglichkeit und Koordination erhöht und stärkt. Durch das verbesserte Körpergefühl verringert sich auch die, im höheren Alter öfter auftretende, Sturzgefahr.

Dabei wird betont, dass den größten Erfolg der Knochengesundheit Sportarten haben, bei denen eine hohe Druck- und Zugkraft am Knochen wirken. Das sind zum Beispiel Joggen und Seilspringen, aber auch muskelaufbauendes Krafttraining. Durch die hohen Bodenreaktionskräfte unter Belastung der Gewichte adaptieren die Knochen gut (Rütten & Pfeifer, 2016).

Genauere Spezifikationen der Belastungsnormativa gibt es jedoch noch nicht, da die Adaptionen der Knochen je nach Belastung und Körperteil sehr unterschiedlich sind.

2 Wirksamkeit körperlicher Aktivität

Tabelle 1: Studie 1 zur Wirksamkeit körperlicher Aktivität (eigene Darstellung)

Literaturquelle	**Autoren**: Kemmler, W., Engelke, K., von Stengel, S., Weineck, J., Lauber, D., Kalender, W. A. **Titel**: „Long-term four-year exercise has a positive effect on menopausal women"
Hintergrund und Fragestellung **Hintergrund und Fragestellung**	Ziel der Studie war die Ermittlung der Wirkung von langfristigem Training auf postmenopausale Frauen. Untersuchte Parameter waren außer osteoporotischer Risikofaktoren auch koronare Herzkrankheiten und körperliche Fitnessparameter, wie die Körperzusammensetzung und die maximale isometrische Stärke. Diese Fragestellung sollte in der Studie untersucht werden: Kann langfristiges Sporttraining bei Postmenopausalen Frauen die Knochenmineraldichte erhöhen?
Methodik	Die Studie wurde an 68 Frauen im Alter von 52-58 Jahren nach der Menopause durchgeführt. Keine von ihnen nahm Medikamente oder hatte Krankheiten, die den Knochenstoffwechsel beeinflussen. Die Trainingsgruppe (TG) beinhaltete 40 Frauen, die über einen Zeitraum von 50 Monaten Aerobic, multilaterale Sprünge und Kraftübungen trainierten. Die Kontrollgruppe (KG) bestand aus 28 Frauen, die alle nicht trainierten. Beide Gruppen nahmen während dem Zeitraum Kalzium und Cholcalciferol (Vitamin D3) ein.

	Die Knochenmineraldichte wurde an der Lendenwirbelsäule und der Hüfte durch die Dual-Röntgen-Absorptiometrie gemessen. Außerdem wurden Blutlipide durch Serumproben bestimmt, eine Bioimpedanz-Messung und ein isometrischer Krafttest durchgeführt.
Ergebnisse	Die Knochenmineraldichte der TG änderte sich nur minimal. An der Lendenwirbelsäule nahm sie um 1 Prozent zu, an der Hüfte um 0,3 Prozent ab. In der KG zeigten sich signifikante Rückgänge: an der Lendenwirbelsäule eine Abnahme um 3,2 Prozent und an der Hüfte um 2,3 Prozent. Weitere Unterschiede wurden bei den Cholesterin-Werten (insbesondere dem HDL-Cholesterin), den Triglyceriden, dem Körperfett, dem Taillen-Hüft-Verhältnis und dem isometrischen Krafttest dokumentiert. Alle Veränderungen fielen positiv für die TG aus und negativ für die KG.
Diskussion und Schluss-folgerung	Die Ergebnisse der Studie zeigten, dass menopausale Risikofaktoren durch multifunktionale, intensive Trainingsprogramme signifikant positiv beeinflusst werden können. Daher kann eine Therapie in Form von körperlicher Bewegung und Sport individuell als Alternative zu sonstigen Therapieansätzen, wie zum Beispiel der Hormonersatztherapie, empfohlen werden.

Tabelle 2: Studie 2 zur Wirksamkeit körperlicher Aktivität (eigene Darstellung)

Literaturquelle	**Autoren**: Mosti, M., Kaehler, N., Stunes, A., Hoff, J. & Syversen, U. **Titel**: „Maximal Strength Training in Postmenopausal Women With Osteoporosis or Osteopenia"
Hintergrund und Frage-stellung	Keine Studie besagt welches Training das Effektivste ist um Osteoporose vorzubeugen. Weiterhin hatte bis zu diesem Zeitpunkt keine Studie ein Maximalkrafttraining untersucht, sondern Trainings mit hohem Volumen. Andererseits ist belegt, dass die Maximalkraft, also das 1-Wiederholungs-Maximum (1RM) und die Schnellkraft die Knochen sehr effizient stärken können. Diese Fragestellung sollte in der Studie untersucht werden: Kann Maximalkrafttraining die Knochenmineraldichte, den Knochenmineralgehalt und Werte des Knochenstoffwechsels verbessern?

Methodik	An der Studie nahmen 21 Frauen teil. 10 von ihnen wurden per Zufall der Trainingsgruppe (TG) zugeteilt, 11 von ihnen der Kontrollgruppe (KG).
	Die TG trainierte 12 Wochen, 3 Mal pro Woche, unter Aufsicht eines Trainers die Maximalkraft. Als Übung für das 1RM wurde die Kniebeuge festgelegt. Schwerpunkt der Übung war die explosive Bewegungsausführung in der konzentrischen Arbeitsweise der Muskulatur.
	Die KG trainierte unbeaufsichtigt und ohne Trainingsplan oder Methodik.
	Zum Anfang und zum Ende der Studie wurden das 1RM, die Schnellkraft, die Knochenmineraldichte, der Knochenmineralgehalt, und die Werte des Knochenstoffstoffwechsel gemessen (Typ 1 Kollagen Amino-Terminalpropeptide und Typ 1 Kollagen C-Telopeptide).
Ergebnisse	Die TG verbesserte die 1RM um 154 Prozent und die Schnellkraft um 52 Prozent. Die Knochenmineraldichte der Lendenwirbelsäule und des Oberschenkelhalses stiegen um 2,9 und 4,9 Prozent. Die Werte des Knochenstoffwechsel tendierten zu einer minimalen Zunahme.
	Bei der KG gab es keine signifikanten Veränderungen.
Diskussion und Schluss-folgerung	Das Maximalkrafttraining kann die Knochenbildung stimulieren. Insgesamt wurden die Knocheneigenschaften der Postmenopausalen Frauen mit Osteopenie oder Osteoporose verbessert. Daher kann man Maximalkrafttraining als eine effektive Trainingsmethode für Osteoporose-Patienten anwenden.

3   Zielgruppe

Tabelle 3: Zielgruppe des Gesundheitssportkonzepts (eigene Darstellung)

Alter in Jahren	45-60
Geschlecht	Weiblich, ab Perimenopause

Allgemeiner Gesundheitszu-stand	Der allgemeine Gesundheitszustand der Zielgruppe ist gut. Das heißt, dass keine akuten Erkrankungen oder Verletzungen vorliegen. Das Gesundheitskonzept wird daher zur Primärprävention eingesetzt. Allerdings weist die Zielgruppe insgesamt ein niedriges Körpergewicht vor. Etwa 75 Prozent der Personen ist laut BMI im Untergewicht (BMI unter 20 kg/m²), 25 Prozent liegt im unteren Normalbereich (BMI 20-22 kg/m²). Krankheiten wie Anorexie oder Bulimie wurden durch ärztliche Meinung und Begutachtung ausgeschlossen.
Mögliche oder bestehende Gesundheitsrisiken / -belastungen	Das präventiv zu behandelnde Gesundheitsrisiko der Zielgruppe sind zukünftige Verletzungen und Knochenbrüche durch Osteoporose. Bei allen Personen wurde ärztlich angeraten vorzubeugende Maßnahmen zu ergreifen, da durch die Hormonumstellung ein erhöhtes Risiko in Zukunft an Osteoporose zu erkranken besteht. Dieses wird begünstigt durch Rauchen. Alle Frauen der Zielgruppe rauchen regelmäßig Zigaretten. Einige rauchen etwa 5 Zigaretten täglich, Einige auch 20-25 Stück. Hinzu kommt ein erhöhtes Gesundheitsrisiko durch das niedrige Körpergewicht der Zielgruppe. Zu beachten ist ein stabiler Kreislauf zu jedem Zeitpunkt des Sportprogramms. Ein drittes Gesundheitsrisiko ergibt sich durch zu wenig Bewegung in der Vergangenheit. Vor Allem bei Anfängern ist besondere Aufmerksamkeit innerhalb des Trainings und ein strategischer Aufbau des Trainings sinnvoll.
Bisheriges Gesundheitsver-halten	Die Zielgruppe hat bisher nicht übermäßig darauf geachtet, wie ihr Bewegungsverhalten ist. Es ist bisher keine Priorität gewesen überdurchschnittlich gesund zu leben. Die Bewegungsempfehlungen sind bisher nicht eingehalten worden und einige Personen waren gänzlich körperlich inaktiv.
Bisheriges Gesundheitsver-halten	Die Nahrung muss bei den Frauen schnell und einfach sein, da sie berufstätig sind und Kinder haben. Daher werden viele verarbeitete und wenig nahrhafte Lebensmittel gekauft und dafür wenig gegessen.
Aktuelles Gesundheitsver-halten	Auch aktuell werden die Bewegungsempfehlungen nicht eingehalten. Jedoch werden erste Schritte von der Zielgruppe

	unternommen ihr Verhalten in Zukunft zum Positiven zu verändern. Es wird insgesamt mehr darauf geachtet wie viel, beziehungsweise wenig man sich bewegt. Die Umsetzung zu mehr Bewegung beginnt mit dem Gesundheitssportkonzept.
Kontraindikationen	Orthopädische Einschränkungen, internistischen Krankheiten, Schwangerschaft

Um optimale Ergebnisse des Programms zu erzielen, muss die Zielgruppe sehr spezifisch festgehalten werden. Optimale Ergebnisse bezeichnen eine Minimierung der Lebensprävalenz der Zielgruppe, im Vergleich zu der von öffentlichen Ämtern angegebenen Durchschnitts-Lebensprävalenz von Frauen in Deutschland.

Da deutlich mehr Frauen als Männer von Osteoporose betroffen sind (vergleiche Aufgabe 1.1 und 1.2), und vor allen Dingen postmenopausale Frauen, spezialisiert sich das Gesundheitssportkonzept auf Diese.

Das Durchschnittsalter für die Menopause liegt bei 51 Jahren, doch erste Anzeichen können schon viele Jahre zuvor, mit Anfang/Mitte 40, auftreten. Die komplette hormonelle Umstellung kann noch weitere Jahre in Anspruch nehmen (Droll, 2018).

Mit dem festgelegten Altersabschnitt 45-60 Jahre werden Frauen in verschiedenen Stadien (Perimenopause und Postmenopause) des Klimakteriums angesprochen. Somit kann noch präventiv vorgesorgt werden, doch die Frauen sind schon in einem fortgeschritteneren Lebensabschnitt, an dem sie sich über Risiken des Alterns und der Bedeutung der Vorbeugung im Klaren sind oder gerade werden.

Außerdem haben die Frauen der Zielgruppe einen BMI unter 22 kg/m² und sind somit alle sehr schlank bis untergewichtig. Das begünstigt das Risiko Osteoporose und lässt in Hinblick auf die nicht zureichenden Bewegungsgewohnheiten zusätzlich darauf schließen, dass kaum Muskelmasse im Körper vorhanden ist.

Um auch in älteren Jahren ein gesundes und beschwerdefreies Leben führen zu können haben sich die Frauen bei dem Gesundheitssportkonzept angemeldet. Sie sind sich Alle darüber bewusst, dass sie in Zukunft mehr für ihre Gesundheit tun müssen und wollen dies auch.

4   Ziele und Inhalte

Tabelle 4: Ziele und Inhalte des Gesundheitskonzepts (eigene Darstellung)

Gesamtziel		
Vorbeugen von Muskel- und Skeletterkrankungen		
Zieldimension Gesundheitswirkungen		
Kernziel	**Teilziel**	**Inhalt**
1 **Stärkung physischer Gesundheitsressourcen**	1) Die Teilnehmer sollen ihre motorische Fähigkeiten Ausdauer und Koordination verbessern.	1) Es wird ein aufbauendes Ausdauertraining, gepaart mit Koordinationsfordernden Übungen, durchgeführt. Bessere Koordination führt zu weniger Gefahr vor Stürzen oder sonstigen selbstverursachten Unfällen und zu mehr „Bewegungssicherheit". Außerdem adaptieren die Knochen auf Stoßbelastungen sehr gut.
	2) Die Teilnehmer sollen ihre motorische Fähigkeit Kraft verbessern.	2) Es wird ein Ganzkörpertraining mit dem eigenen Körpergewicht durchgeführt. Optional kann es auch als Hausaufgabe aufgegeben werden. Diese Hausaufgabe soll schriftlich oder bildlich dokumentiert werden und kann auch gerne mit einem Partner aus der Gruppe oder einer anderen Person aus dem Umfeld, die unterstützend und motivierend wirkt, durchgeführt werden.
2 **Verminderung von Risikofaktoren**	1) Die Teilnehmer sollen Knochenschwund und Osteoporose vorbeugen lernen und die Krankheit verstehen.	1) Hier werden gezielt Übungen mit hohen Zug- und Druckbelastungen der Knochen geübt. Das sind zum Beispiel Sprungübungen (beispielsweise Seilspringen oder Methoden aus dem funktionalen Training). Es findet auch ein 5-10 Minütiger Theorie-Teil statt, bei dem Wissen zum Thema Osteoporose vermittelt wird.
2		

Verminderung von Risikofaktoren	2) Die Teilnehmer sollen Muskelmasse aufbauen.	2) Hier wird ein Zirkeltraining mit Zusatzgewichten und Hilfsmitteln durchgeführt. Auch Partnerübungen werden gemacht um sich gegenseitig zu korrigieren und ein besseres Gefühl für die korrekte Ausführung zu bekommen.
3 **Stärkung psychosozialer Gesundheitsressourcen**	1) Die Teilnehmer sollen ihr Wohlbefinden im Alltag steigern lernen und ihre Eigenwahrnehmung und ihr Selbstkonzept positiv steigern um sich körperlich mehr zuzutrauen und zu vertrauen.	1) Zu Beginn jeder Trainingseinheit wird eine kleine Selbstreflexions-Runde der vergangenen Woche gemacht. Wo hat die Einzelperson Fortschritte gemacht, was fällt ihr noch schwer? Der Kursleiter kann kurz individuell darauf eingehen falls nötig und aufzeigen, wie Probleme in Zukunft besser angegangen werden können.
	2) Die Teilnehmer sollen Handlungsempfehlungen und Wissensvermittlung zur eigenständigen Durchführung von gesundheitsfördernden Maßnahmen im Alltag bekommen und umsetzen lernen.	2) Es findet ein 5-10 Minütiger Theorie-Teil bei jeder Trainingseinheit statt, der sich auf Ausdauer-, Koordinations- und Krafttraining, Ernährung und Stressmanagement bezieht (oder andere in dieser Tabelle genannte Themen).
4 **Bewältigung von Beschwerden und Missempfindungen**	1) Die Teilnehmer sollen eine Begleiterscheinung des Klimateriums, Schlafstörung, verringern und selbst vorbeugen lernen.	1) Durch mehr körperliche Aktivität und dadurch mehr Energieverbrauch wird der Körper müde. Es findet ein Theorie-Teil zur Optimierung der Abendroutine statt.
	2) Die Teilnehmer sollen ihre Leistungsfähigkeit steigern und Stress abbauen.	2) Die Teilnehmer sollen selbst persönliche, individuelle Problemfelder an sich oder ihrer Umgebung erkennen.

		Der Kursleiter zeigt Methoden um diese zu beheben und kurze Entspannungsmethoden.

	Zieldimension Verhaltenswirkungen	
Kernziel	**Teilziele**	**Inhalte**
5 **Aufbau von Bindung an gesundheitssportliche Aktivität**	1) Die Teilnehmer sollen ihre intrinsische Motivation steigern.	1) Durch abwechslungsreiche Trainingseinheiten wird der Spaßfaktor aufrecht erhalten und alle lernen, das Bewegung nichts langweiliges oder schlimmes ist.
	2) Die Teilnehmer sollen lernen einen einheitlichen, gesunden und ausbalancierten Lebensstil zu führen.	2) Hier werden innerhalb eines Theorie-Teils Handluchsanweisungen zur einfachen Umsetzung von körperlicher Aktivität, einer gesunden Ernährung und Stressmanagement im Alltag, gegeben. Die Praxis kann danach sofort umgesetzt und geübt werden.

	Zieldimension Verhältniswirkungen	
Kernziel	**Teilziele**	**Inhalte**
6 **Verbesserung der Bewegungsverhältnisse**	1) Die Teilnehmer sollen Freundschaften und Sportgruppen innerhalb der Teilnehmergruppe knüpfen und auch ihre Familie und Freunde integrieren	1) Beispielsweise durch Partnerübungen, Gruppenspiele oder sportliche Hausaufgaben, die nur zu Zweit gemacht werden können (auch mit Personen außerhalb des Gesundheitssportkonzepts), werden soziale und sportliche Kontakte geknüpft. Wer Sport mit Mehreren macht neigt dazu länger am Ball zu bleiben und mehr Freude daran zu entwickeln. Eine Trainingseinheit zum Schluss des Konzepts wird mit Familie und Freunden gestaltet. Die Dauer der Trainingseinheit wird dabei verdoppelt

6	2) Die Teilnehmer bekommen Empfehlungen und Informationen für weiterführende Sportprogramme oder Kooperationen zu Fitnessanlagen und Sportstätten. Auch Anmeldelisten werden gleich verteilt.	und jeder Teilnehmer bringt einen gesunden Snack für das Abschluss-Buffet mit. Die Familie und Freunde werden angehalten die Teilnehmer auch zukünftig zu unterstützen und gemeinsam ein gesundes und aktives Leben zu führen.
Verbesserung der Bewegungsverhältnisse		
		2) Die Teilnehmer bekommen Vergünstigungen zu Sportangeboten, wenn sie sich innerhalb der Dauer des Gesundheitskonzepts anmelden. Gruppenrabattaktionen und Partnerrabatte gibt es auch in verschiedenen Sportanlagen.

5 Literaturverzeichnis

Bundesamt für Sport, Bundesamt für Gesundheit, Gesundheitsförderung Schweiz, Beratungsstelle für Unfallverhütung, Netzwerk Gesundheit und Bewegung Schweiz. (2013). *Gesundheitswirksame Bewegung.* Magglingen: BASPO. Zugriff am 23.02.2019. Verfügbar unter https://gesundheitsfoerderung.ch/assets/public/ documents/de/5-grundlagen/publikationen/ernaehrung-bewegung/empfehlungen/ erwachsene/bewegung/Gesundheitswirksame_Bewegung_-_ Grundlagendokument.pdf

Droll, S.. (2018). *Wechseljahre: Beginn, Symptome, Hilfe bei Beschwerden.* Zugriff am 27.02.2019. Verfügbar unter https://www.apotheken-umschau.de/Wechseljahre# Was-sind-die-Wechseljahre

Felsenberg, D. & Dietzel, R. (2009). *Osteoporose: Wie man Frakturen verhindern kann.* Deutsches Ärzteblatt. Zugriff am 28.02.2019. Verfügbar unter https://www.aerzteblatt.de/archiv/treffer?mode=s&wo=1008&typ=16&aid=66817&titel=osteoporose

Kemmler, W., Engelke, K., von Stengel, S., Weineck, J., Lauber, D., Kalender, W. A. (2007). *Long-term four-year exercise has a positive effect on menopausal women.* Journal of Strength and Conditioning. *Zugriff am 28.02.2019. Verfügbar unter* https://journals.lww.com/nscajscr/Abstract/2007/02000/LONG_TERM_FOUR_ YEAR_EXERCISE_HAS_A_POSITIVE_EFFECT.42.aspx

Klein, S., Jessel, S., Linder, R., Verheyen, F. & Häussler, B. (2014). *Frakturen und Versorgungskosten bei Osteoporose: Analyse von Krankenkassen-Routinedaten im Rahmen der Bone Evaluation Study (BEST).* Journal für Mineralstoffwechsel & Muskuloskelettale Erkrankungen. Verlag für Medizin und Wirtschaft. Zugriff am 25.02.2019. Verfügbar unter https://www.kup.at/kup/pdf/12623.pdf

Mosti, M., Kähler, N., Stunes, A., Hoff, J. & Syversen, U. (2013). *Maximal Strength Training in Postmenopausal Women With Osteoporosis or Osteopenia.* Journal of Strength and Conditioning. Zugriff am 28.02.2019. Verfügbar unter https://journals.lww.com/nsca-jscr/Fulltext/2013/10000/Maximal_Strength_Training_in_Postmenopausal_Women.32.aspx

Robert Koch-Institut (Hrsg.). (2011). *Allgemeines zu Osteoporose.* Zugriff am 24.02.2019. Verfügbar unter https://www.rki.de/DE/Content/Gesundheitsmonitoring/Gesundheitsberichterstattung/GesundAZ/Content/O/Osteoporose/Inhalt/osteoporose_inhalt.html

Robert Koch-Institut (Hrsg.). (2012). *Daten und Fakten: Ergebnisse der Studie „Gesundheit in Deutschland aktuell 2010". Beiträge zur Gesundheitsberichterstattung des Bundes.* Berlin. Zugriff am 24.02.2019. Verfügbar unter http://www.gbe-bund.de/pdf/GEDA_2010_6_16_Osteoporose.pdf#SEARCH=%22osteoporose%22

Rütten, A. & Pfeifer, K. (Hrsg.). (2016). *Nationale Empfehlungen für Bewegung und Bewegungsförderung.* Erlangen: Friedrich-Alexander-Universität Erlangen-Nürnberg. Zugriff am 23.02.2019. Verfügbar unter https://www.sport.fau.de/files/2016/05/Nationale-Empfehlungen-f%C3%BCr-Bewegung-und-Bewegungsf%C3%B6rderung-2016.pdf

Techniker Krankenkasse. (2016). *Beweg Dich, Deutschland! TK-Bewegungsstudie 2016.* Hamburg: Techniker Krankenkasse. Zugriff am 23.02.2019. Verfügbar unter https://www.tk.de/resource/blob/2026646/0aa4b08bf5b67b8495dce9b24b2c3bac/tk-bewegungsstudie-2016-data.pdf

World Health Organization. (2010). *Global recommendations on physical activity for health.* Geneva: World Health Organization. Zugriff am 27.02.2019. Verfügbar unter https://apps.who.int/iris/bitstream/handle/10665/44399/9789241599979_eng.pdf;jsessio-nid=99F31B042DBDD2AF88785C6F68EED5E1?sequence=1